COMPRENDRE L'INTERNET DES OBJECTS

I0017056

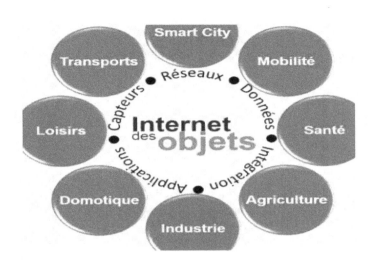

BY

ISSA NGOIE

Introduction

L'évolution de la transformation numérique

Dire la vérité …. combien d'entre vous pourraient passer une journée sans leur smartphone ?

Dans notre monde d'aujourd'hui, il y a plus d'appareils intelligents que de personnes. De plus en plus de personnes sont connectées à Internet, d'une manière ou d'une autre, 24h/24. Un nombre toujours croissant de personnes possèdent et dépendent de trois, quatre appareils intelligents ou plus. Ceux-ci peuvent inclure des smartphones, des moniteurs d'exercice et de santé, des liseuses électroniques et des tablettes. D'ici 2022, il est prévu que chaque consommateur disposera en moyenne de 6,58 appareils intelligents.

L'IoT(Internet of things en francais ; l'internet des obects) rend les objets intelligents grâce aux données.

L'analyse d'une donnée brute, de température, de vibration, d'humidité…
a pour but de la rendre exploitable. C'est dans cette optique que
les objets connectés sont : Instrumentés : ils collectent et intègrent les
données en temps réel.

Grâce à **l'Internet des objets**, des appareils compatibles Web se
connectent les uns aux autres et exploitent les données qu'ils
s'échangent. Les appareils communiquent via le cloud et se connectent
à Internet par le biais d'un réseau Wi-Fi, une connexion cellulaire (3G ou
4G) ou Bluetooth.

L'Internet des objets (IoT) ouvre tout un univers nouveau, où les tâches
qui nécessitaient précédemment une intervention humaine peuvent être
automatisées.

 Comme nous l'avons vu, l'IoT permet la collecte d'importants volumes
de données qui peuvent être analysées rapidement afin de fournir des
informations susceptibles d'orienter un événement ou un processus.

Avec l'adoption croissante de l'IoT, l'automatisation devient de plus en
plus importante.

L'accès à d'énormes quantités de données de capteur traitées
rapidement a incité les têtes pensantes à réfléchir à la façon dont ils
pourraient appliquer les concepts de l'apprentissage automatique et de
l'automatisation aux tâches quotidiennes. De nombreuses tâches de
routine sont automatisées afin d'améliorer leur précision et leur
efficacité.

L'automatisation est souvent associée au domaine de la robotique. Les robots sont utilisés dans des conditions dangereuses comme l'exploitation minière, la lutte contre les incendies et le nettoyage des accidents industriels, réduisant ainsi les risques pour les humains. Ils sont également utilisés dans des tâches telles que les chaînes d'assemblage automatisées.

De nos jours, l'automatisation est partout, des caisses en libre-service disponibles dans les magasins aux contrôles environnementaux dans les bâtiments, en passant par les voitures et les avions autonomes. À combien de systèmes automatisés avez-vous affaire en une seule journée ?

Contents

A propos de l'auteur

Issa Ngoie, professeur d'informatique et de mathématiques au Richfield Graduate Institute of Technology, l'une des plus grandes universités privées d'Afrique du Sud. Il est également reconnu comme l'un des jeunes informaticiens, mathématiciens et entrepreneurs africains les plus certifiés, respectés et expérimentés. Formateur Cisco CCNP, ingénieur Microsoft, ingénieur en sécurité des applications Web (IBM). Alors que beaucoup de gens disent à quel point c'est formidable de construire l'Afrique, très peu sont honnêtes sur la difficulté de commencer. Issa Ngoie analyse les problèmes auxquels les chercheurs sont confrontés chaque jour, partageant les connaissances qu'il a acquises en développant, en protégeant, en fermant, en programmant, en gérant, en vendant, en achetant, en investissant et en supervisant des entreprises technologiques et des universités.

L'**internet** des objets

Définition de L'internet **des objets :** Selon l'Union internationale des télécommunications, l'Internet des objets (IdO) est une « *infrastructure mondiale pour la société de l'information, qui permet de disposer de services évolués en interconnectant des objets (physiques ou virtuels) grâce aux technologies de l'information et de la communication interopérables existantes ou en évolution* ». En réalité, la définition de ce qu'est l'Internet des objets n'est pas figée. Elle recoupe des dimensions d'ordres conceptuel et technique

Histoire de l'Internet des Objects

• 1970- L'idée même des objets connectés est proposée

• 1990- **John Romkey** a créé un grille-pain qui pouvait être allumé/éteint via Internet

• 1995- Siemens a introduit le premier module cellulaire construit pour M2M

• 1999- Le terme « **Internet des objets** » a été utilisé par Kevin Ashton lors de son travail chez P&G et est devenu largement accepté

• 2004 - Le terme a été mentionné dans des publications célèbres comme le Guardian, le Boston Globe et Scientific American

• 2005- L'Union internationale des télécommunications (UIT) de l'ONU a publié son premier rapport sur ce sujet.

• 2008- L'Internet des Objets est né

• 2011- **Gartner**, la société d'études de marché, inclut la technologie « l'Internet des objets » dans ses recherches

L'Internet des objets représentent l'extension d'Internet à des choses et à des lieux du monde physique. Il est considéré comme la troisième évolution de l'Internet, baptisée Web 3.0 qui fait suite à l'ère du Web Social.

On parle d'objets connectés pour définir des types d'objets auxquels l'ajout d'une connexion Internet a permis d'apporter une valeur supplémentaire en terme de fonctionnalité, d'information, d'interaction avec l'environnement ou d'usage.

D'un point de vue conceptuel, **l'Internet des objets** caractérise des objets physiques connectés ayant leur propre identité numérique et capables de communiquer les uns avec les autres. Ce réseau crée en quelque sorte une passerelle entre le monde physique et le monde virtuel.

D'un point de vue technique, l'IdO consiste en l'identification numérique directe et normalisée (adresse IP, protocoles smtp, http...) d'un objet physique grâce à un système de communication sans fil qui peut être une puce RFID, Bluetooth ou Wi-Fi.

L'Internet des objets : applications et future

Les objets connectés produisent de grandes quantités de données dont le stockage et le traitement entrent dans le cadre de ce que l'on appelle les big data. En logistique, il peut s'agir de capteurs qui servent à la traçabilité des biens pour la gestion des stocks et les acheminements. Dans le domaine de l'environnement, il est question de capteurs surveillant la qualité de l'air, la température, le niveau sonore, l'état d'un bâtiment, etc.

En domotique, l'IdO recouvre tous les appareils électroménagers communicants, les capteurs (thermostat, détecteurs de fumée, de présence...), les compteurs intelligents et systèmes de sécurité connectés des appareils de type box domotique.

Le phénomène IdO est également très visible dans le domaine de la santé et du bien-être avec le développement des montres connectées, des bracelets connectés et d'autres capteurs surveillant des constantes vitales. Selon diverses projections (cf. Cisco et le cabinet Gartner), le nombre d'objets connectés devrait largement augmenter au fil des ans.

L'Internet des objets c'est quoi ?

L'Internet des objets, parfois écrit IdO ou IOT (Internet of things), désigne l'ensemble des infrastructures et technologies mises en place pour faire fonctionner des objets divers par le biais d'une connexion Internet. On parle alors d'objets connectés. Ces objets sont pilotables à distance, le plus souvent à l'aide d'un ordinateur, d'un smartphone ou d'une tablette.

Ainsi, le terme Internet des objets regroupe tous les objets et appareils physiques qui possèdent une identité numérique. Il peut s'agir d'objets du quotidien omniprésents dans les logements (télévision, réfrigérateur, machine à laver, système de chauffage, porte de garage électrique), d'appareils ou de systèmes plus complexes comme des véhicules (avions, voitures autonomes) et l'éclairage d'une ville.

Les infrastructures créées permettent d'établir une passerelle entre le monde virtuel et les objets physiques grâce aux technologies de l'information et de la communication. L'interopérabilité, qui consiste à modifier le comportement d'un objet en fonction de celui d'autres objets, est l'une des principales caractéristiques de l'Internet des objets.

Comment fonctionne l'Internet des objets ?

Chaque objet pilotable à distance détient sa propre carte d'identité qui le rend unique et reconnaissable, dans la plupart des cas une adresse IP. C'est ce numéro d'identification numérique qui va permettre de trouver cet objet et de lui donner des instructions à partir d'un ordinateur ou d'un téléphone portable.

Les instructions envoyées circulent jusqu'à l'objet en question en empruntant un canal de communication : Wi-Fi, Bluetooth, puce RFID... Par exemple, si vous voyez les gouttes de pluie glisser sur les vitres de votre bureau à l'approche de l'hiver, vous pouvez ordonner à votre plancher chauffant de se mettre en marche en appuyant sur un simple bouton depuis n'importe où pour trouver une température agréable dans votre intérieur à votre retour.

A l'échelle communautaire, l'Internet des objets permet dans certaines villes de commander les feux de circulation intelligents qui passent au vert lorsqu'ils détectent le passage d'une voiture.

À quoi sert les objets connectés ?

Sur le plan individuel, les objets connectés offrent un plus grand confort dans notre vie quotidienne. Ils entraînent un gain de temps très appréciable, parfois des économies d'énergie. Utilisé dans divers secteurs d'activité, l'Internet des objets vise également à répondre à plusieurs grands défis d'aujourd'hui et de demain.

Ils offrent par exemple la possibilité de stocker une très grande quantité de données. Les smart cities ou villes intelligentes régulent le trafic ou l'éclairage en temps réel selon les heures d'affluence. Cette technologie contribue à résoudre en partie les problèmes d'engorgement des centres-villes et de la pollution lumineuse, et à réduire l'empreinte carbone. Dans des secteurs comme l'industrie et l'agriculture, l'Internet des Objets entraîne une augmentation de la productivité et une meilleure capacité à respecter les réglementations en vigueur.

Comment est-il possible qu'autant d'appareils soient connectés ?

Les réseaux numériques modernes rendent tout cela possible. Le monde est rapidement couvert de réseaux qui permettent aux appareils numériques de s'interconnecter et de transmettre. Pensez au maillage des réseaux comme à une peau numérique entourant la planète, comme illustré à la figure 2. Avec cette peau numérique, les appareils mobiles, les capteurs électroniques, les appareils de mesure électroniques, les appareils médicaux et les jauges peuvent tous se connecter. Ils surveillent, communiquent, évaluent et, dans certains cas, s'adaptent automatiquement aux données collectées et transmises. Alors que la société adopte ces appareils numériques, que les réseaux numériques continuent de se développer dans le monde et que les avantages économiques de la numérisation continuent de croître, nous assistons à une transformation numérique.

La transformation numérique est l'application de la technologie numérique pour permettre aux entreprises et à l'industrie d'innover. Cette innovation numérique est désormais appliquée à tous les aspects de la société humaine.

Comment les appareils connectés à l'IoT se connectent-ils au réseau ?

Un capteur doit être connecté à un réseau pour que les données collectées puissent être stockées et partagées. Vous aurez donc besoin d'une connexion Ethernet filaire ou d'une connexion sans fil à un contrôleur. Les contrôleurs sont chargés de collecter les données des capteurs et de fournir la connectivité réseau ou Internet. Ils peuvent être à même de prendre des décisions immédiates ou ils peuvent envoyer les données à un ordinateur plus puissant en vue d'une analyse. Cet ordinateur peut se trouver dans le même réseau local que le contrôleur ou n'être accessible que par l'intermédiaire d'une connexion Internet.

Les capteurs fonctionnent souvent ensemble à l'aide d'un appareil appelé actionneur. Les actionneurs reçoivent une entrée électrique et la transforment en action physique. Par exemple, si un capteur détecte une chaleur excessive dans une salle, il envoie la température mesurée au microcontrôleur. Le microcontrôleur peut envoyer les données à un actionneur qui activerait, à son tour, le système de climatisation.

La majorité des nouveaux appareils, comme les vêtements ou équipements de sport, les pacemakers implantés, les dispositifs de mesure de l'air dans une mine et les compteurs d'eau dans un champ agricole nécessitent tous une connectivité sans fil. Étant donné que de nombreux capteurs sont « sur le terrain » et sont alimentés par des batteries ou des panneaux solaires, il convient de tenir compte de la consommation électrique. Il est indispensable d'utiliser des options de connexion basse tension pour optimiser et prolonger la disponibilité du capteur.

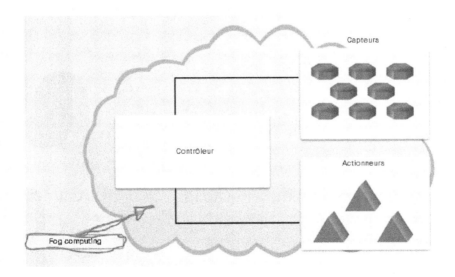

Les réseaux du futur

Les réseaux connectent désormais des milliards de capteurs. Via les logiciels, les données de ces capteurs peuvent modifier les environnements physiques sans intervention humaine.

Comme mentionné précédemment, tous les appareils numériques exploitent des programmes informatiques et les données fournies. Les termes « intelligence artificielle » impliquent que ces appareils sont capables de penser par eux-mêmes.

S'ils sont correctement programmés, les appareils intelligents sont capables d'évaluer les données qui leur sont fournies, et de modifier des processus ou des paramètres immédiatement. Si on leur fournit suffisamment de données, ils peuvent « apprendre » et modifier leur propre code sur la base de ces nouveaux paramètres.

Que se passe-t-il ensuite ?

Nous savons que les logiciels peuvent être écrits de sorte que les données puissent modifier des paramètres du code afin d'ajuster la température de votre domicile ou la vitesse à laquelle votre adolescent peut conduire votre véhicule.

Pourquoi ne pourrions-nous pas fournir aux logiciels des règles, des instructions ou des objectifs pour permettre aux données de modifier le réseau, les fonctionnalités de l'infrastructure ou les fonctions de sécurité sur le réseau ? En fait, c'est déjà possible. C'est ce qu'on appelle le réseau basé sur l'intention (IBN).

Prenons un exemple simple pour mieux comprendre le concept de réseau basé sur l'intention : une entreprise peut déterminer qu'un collaborateur contractuel n'a le droit d'accéder qu'à un ensemble spécifique de données et d'applications. C'est ce qui correspond à **l'objectif (l'intention)**. Sur un réseau IBN, tous les appareils seront automatiquement configurés pour respecter cette condition sur tout le réseau, peu importe l'endroit d'où se connecte le collaborateur.

Le VLAN, le sous-réseau, la liste de contrôle d'accès et toutes les autres informations seront automatiquement définis et configurés dans le respect des bonnes pratiques. Vous ne devez définir l'objectif qu'une seule fois dans une console de gestion centralisée, puis le réseau s'y conformera en permanence, même en cas de modifications.

Protocoles applicatifs

Protocoles Informatiques

- Lorsque deux ordinateurs communiquent pour s'échanger des informations, il faut qu'ils utilisent une méthode commune de conversation. On parle alors d'un **protocole informatique.**
- En informatique, un protocole est un ensemble de règles suivies par deux ordinateurs lors de l'échange d'informations.
  Il existe de nombreux protocoles différents. Nous n'évoquerons que
  → TCP/IP.
- Sur l'Internet, le protocole utilisé est appelé TCP/IP.

- la notation TCP/IP provient des noms des deux protocoles majeurs de la suite de protocoles, c'est-à-dire les protocoles **TCP** et **IP**. Il représente la façon de laquelle les ordinateurs communiquent sur Internet.

Avec le développement de l'IoT au cours de ces dernières années, les protocoles applicatifs se sont multipliés au point que cela devient difficile pour un néophyte de s'y retrouver, et de savoir par où commencer.

Protocoles applicatifs et IoT: à quoi ça sert ?

Un protocole applicatif est un ensemble de règles définissant le mode de communication entre deux applications informatiques. Ils se basent sur les protocoles de transport (TCP/UDP) pour établir dans un premier temps des routes et échanger les données selon l'ensemble des règles du protocole applicatif sélectionné.

Pour rappel, un écosystème IoT se présente comme sur l'image suivante:

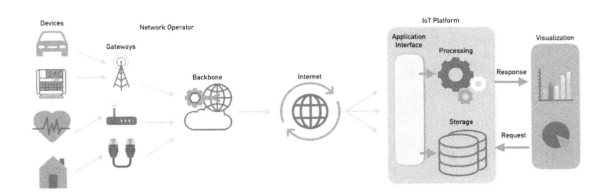

Écosystème de l'Internet des Objets

Afin que les données brutes puissent être reçues par notre plateforme IoT (cloud), il nous faut une « façade » à travers laquelle les objets puissent se connecter et communiquer. Cette façade constitue ce qu'on appelle une interface d'applications et c'est là que les protocoles applicatifs sont utilisés.

Il est important de noter que l'infrastructure du web classique n'est pas adapté à la majorité des applications IoT. En effet, certains objets connectés, dits contraints, sont limités par de petits microcontrôleurs avec de petites quantités de mémoire (flash et RAM), tandis que les contraintes sur les réseaux IoT, tel que ZigBee, sont dues à des taux d'erreurs de paquets élevés et à un débit faible (quelques dizaines de kbit/s). Par conséquent, pour palier à ces contraintes il faut des protocoles moins verbeux avec un nombre limité de messages et de petites tailles.

Pour la suite, nous avons identifié quatre familles, et pour chacune d'elle nous avons sélectionné les protocoles applicatifs les plus utilisés:

Protocole de messagerie: MQTT, XMPP et AMQ.

Protocole de transfert web: CoAP, API REST

Protocole réseau: Websocket

Protocoles de messagerie

Les protocoles de messagerie s'appuient sur un mécanisme de publication et d'abonnement, où les transferts de données se font de manière asynchrone. Présentons le fonctionnement et les caractéristiques des protocoles MQTT, XMPP et AMQ.

MQTT (Standard dans l'IoT depuis 2015)

MQTT, pour *Message Queuing Telemetry Transport*, est un protocole de messagerie de publication et d'abonnement (publish/subscribe) basé sur le protocole TCP/IP. Un client, appelé *publisher*, établi dans un premier temps une connexion de type 'publish' avec le serveur MQTT, appelé *broker*. Puis, le publisher transmet les messages au broker sur un canal spécifique, appelé *topic*. Par la suite, ces messages peuvent être lus par des abonnés, appelés *subscribers*, qui au préalable ont établi une connexion de type 'subscribe' avec le broker. Ainsi, la transmission et la consommation des messages se font de manière asynchrone. Le fonctionnement que nous venons de détailler est illustré dans le schéma ci-dessous.

Client-A, Client-B et Client-F sont des publishers alors que Client-C, Client-D et Client-E sont des subscribers.

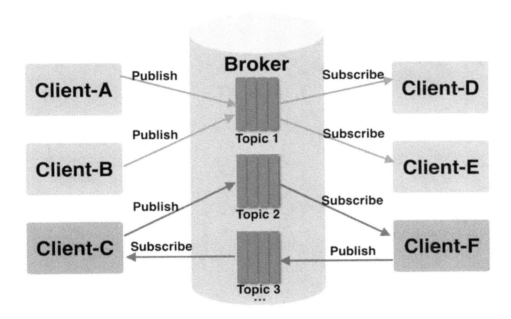

Fonctionnement du protocole MQTT

MQTT a la particularité d'être un protocole léger parce que le nombre de messages est restreint et ont des tailles faibles. En effet, chaque message se compose d'un en-tête fixe de 2 octets (spécifiant le type de message et le niveau de qualité de service employée), d'un en-tête variable facultatif, d'une payload (charge utile) limitée à 256 Mo. Il existe trois niveaux de qualité de service (QoS) qui déterminent la façon dont le protocole MQTT gère le contenu.

Les clients abonnés peuvent spécifier le niveau de QoS maximal qu'ils souhaitent recevoir. Toutefois, plus le niveau de qualité est élevé et plus cela est gourmand en termes de latence et de bande passante, à cause des répétitions et des
accusés de réception supplémentaires.

L'image suivant schématise ce que nous venons d'énoncer. Le publisher transmet des message de type *PUBLISH* pour publier une nouvelle donnée et le subscriber utilise un message *SUBSCRIBE* pour recevoir des données.

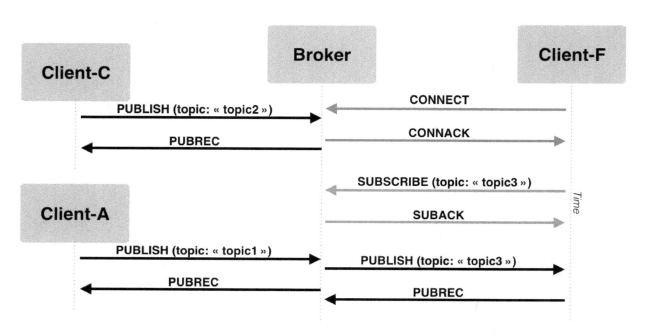

Échanges entre publishers, subscibers et un broker MQTT

En résumé, les caractéristiques du protocole MQTT en font un protocole adapté aux réseaux IoT car il répond aux besoins suivants :

Adapté aux réseaux à faible bande passante

Idéal pour l'utilisation sur les réseaux sans fils grâce notamment à un nombre limité de messages de petite taille

Faible consommation en énergie car la publication et la consommation des messages est rapide

Nécessite peu de ressources de calculs et de mémoires

Transmet un message à plusieurs entités en une seule connexion TCP

XMPP

XMPP, pour '*Extensible Messaging and Presence Protocol*', est à l'origine un protocole de messagerie instantanée utilisé notamment dans les services Jabber et Google Talk. En outre, son extensibilité a permis son utilisation dans d'autres applications telle que la VoIP. Son fonctionnement est basé sur une architecture client/serveur où l'échange de données, au format XML, se fait sur le même principe que les messageries électroniques.

En effet, la communication entre deux clients est asynchrone et est réalisée au travers de serveurs XMPP. Dans un premier temps, un client établit une connexion TCP avec son serveur XMPP, qui communique alors la donnée au serveur XMPP du destinateur.

Ce dernier transmet la donnée au destinateur si celui-ci est connecté.

Dans le cas contraire, le serveur XMPP mémorise la donnée tant que le destinateur en question ne s'est pas connecté.

On peut ajouter qu'un système XMPP est décentralisé et potentiellement temps réel si l'émetteur et le destinateur sont connectés durant la livraison des messages. De plus, chaque client est distingué par un identifiant unique construit sur le modèle suivant :<nom-du-client>@<nom-du-serveur>

L'image suivante illustre ce que nous venons d'expliquer. Lorsque le clientA souhaite envoyer un message au clientE, celui-ci spécifie dans le message XMPP :

l'identifiant de l'émetteur (ici clientA@domainA)

l'identifiant du destinataire (ici clientE@domainB)

l'information à transmettre dans la partie body (ici Hello IoT)

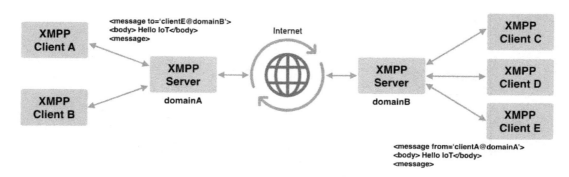

Fonctionnement du protocole XMPP

Les principaux atouts de ce protocole sont son adressage avec identifiant unique, sa facilité de mise en place de la sécurité, son format de messages qui fournit des données structurées et son système de serveurs. Tout cela en fait un protocole plus adapté, contrairement au protocole MQTT, aux applications M2M (Machine-to-Machine). En effet, il gère mieux l'intégration de nouveaux objets connectés et permet interopérabilité avec d'autres plateformes IoT et donc d'autres écosystèmes IoT.

AMQP

AMQP, pour '*Advanced Message Queuing Protocol*', est un protocole de messagerie qui est une solution alternative aux produits payants MOM (Message-Oriented Middleware) et au JMS. En effet, l'interopérabilité entre différentes implémentations de JMS est très difficile voire n'est pas possible, ce qui présente un énorme frein dans le monde de l'IoT. C'est pour cela que nous n'avons pas choisi ce dernier dans la liste des solutions à étudier.

Le fonctionnement du protocole AMQP est basé sur le même principe que celui de MQTT, toutefois la notion de *publisher/subsciber* est remplacée par celle de *producer/consumer*. En outre, grâce à un mécanisme interne noté « exchange », AMQP permet de router un message d'un producer vers plusieurs topics.

Les critères de routage peuvent se faire de plusieurs façons ; inspection du contenu, de l'en-tête, clés de routage, etc. Ainsi, un même message peut être consommé par différents consumers via plusieurs topics.

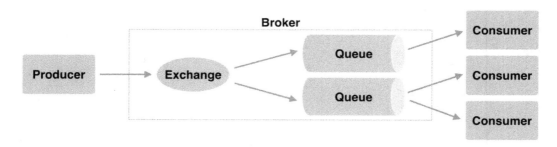

Fonctionnement du protocole AMQP

Par conséquent, AMQP est plus adapté aux situations exigeant la fiabilité, des scénarios de messageries plus sophistiqués, l'interopérabilité entre implémentations du protocole et la sécurité. Ainsi, il est plus destiné aux objets connectés avec des contraintes de communication faibles et des exigences de sécurités importantes.

Protocoles de transfert web

CoAP

CoAP, pour '*Constrained Application Protocol*', est un protocole web basé sur une architecture client/serveur. Ce protocole reprend en partie les méthodes et nomenclatures du protocole HTTP. En revanche, contrairement au protocole HTTP, qui se base sur la suite TCP/IP, le protocole CoAP se base sur la suite UDP/IPv6/6LowPAN, dont les mécanismes d'échange de messages définis par le protocole UDP sont nettement allégés. La correspondance de ces suites par rapport au modèle OSI se trouve dans l'image ci-dessous :

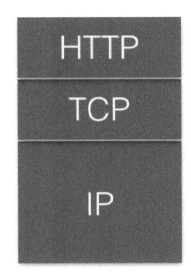 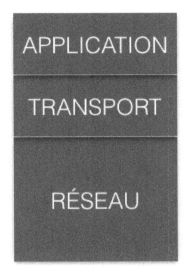 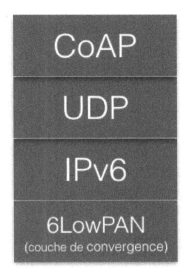

Suites TCP/IP et UDP/IPv6/6LowPAN

En outre, la taille des messages CoAP est également allégée par rapport à celle des messages HTTP; l'en-tête d'un message CoAP est fixé à 4 octets alors que celui des messages HTTP est variable. L'en-tête de chaque paquet contient le type de message et la qualité de service souhaitée pour la transmission du message :

Confirmable : Message envoyé avec une demande d'accusé de réception, noté CON

Non-Confirmable : Message envoyé sans demande d'accusé de réception, noté NON

Acknowledgment : Accusé de réception du message de type « confirmable », noté ACK

Reset : Accusé de réception d'un message qui n'est pas exploitable, noté RST

Pour transmettre une donnée (comme indiqué en exemple dans l'image ci-dessous), un client envoie à un serveur une requête CoAP, dans laquelle se trouve : le type du message (CON ou NON), l'identifiant du message (mid) et une action (GET, POST, PUT ou DELETE) sur une ressource identifiée par une URI.

Si la requête est du type CON alors le serveur retourne une réponse dans laquelle se trouve ; le type du message (ACK), le même mid que celui de la requête et un code réponse (2.xx, 4.xx ou 5.xx) et une représentation de la ressource.

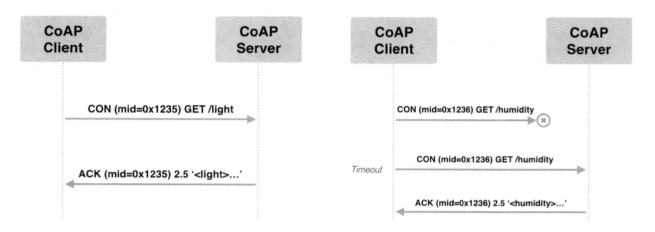

Fonctionnement du protocole CoAP

La signification du code réponse est la suivante :

2.xx signifie que la requête a été correctement reçue et traitée

4.xx signifie que une erreur a été rencontrée par le client

5.xx signifie que le serveur n'est pas capable de traiter la requête

Comme on vient de le voir, CoAP est donc un protocole asynchrone adapté au transfert d'états entre un client et un serveur.

API REST

REST, pour *'Representational State Transfer'*, est un protocole qui permet de gérer, identifier et manipuler des ressources (utilisateurs, images, données capteurs, etc.) par l'intermédiaire d'une interface de programmation d'application (ce que l'on appelle en anglais API – Application Programming Interface). Cette interface correspond à un ensemble d'URI accessible via les différentes méthodes (GET, PUT, POST et DELETE) des requêtes HTTP. Les réponses du serveur, contenues dans le corps de la trame HTTP, peuvent être délivrées dans de multiples formats. JSON est souvent le format privilégié même si les formats XML, CSV sont aussi envisageables. Le serveur ajoute également un code réponse HTTP, à trois chiffres, afin d'indiquer l'état de la réponse dont la forme est comme suit :

2xx indique le succès du traitement de la requête du client (exemple : 200 pour OK)

3xx redirige le client vers un autre lien

4xx indique une faute dans la requête du client (exemple : 404 pour Not Found)

5xx indique une erreur de la part du serveur (exemple : 500 pour Internal Server Error)

Afin d'illustrer ce fonctionnement, prenons l'exemple du tableau ci-dessous, qui donne la signification de chaque URI d'une API REST :

URI	Méthode	Signification
/device/:device/temperature/:temperature	POST	Effectuer un POST en spécifiant, pour l'objet : device, une nouvelle valeur de température : temperature en °C

/device/:device/location/date/:date	GET	Effectuer un GET pour obtenir la position GPS d'un objet : `device` à une date donnée : `date`

Dans l'exemple de l'image ci-dessous, le client envoie une requête POST pour indiquer au serveur une nouvelle température de 21°C, pour l'objet X043UI. Le serveur lui répond avec un code de 200 pour indiquer que tout est OK. Par la suite, le client envoie une requête GET pour demander la localisation de l'objet A012BE à la date du 01-02-2018. Le serveur répond, dans le corps de la réponse HTTP, les coordonnées : latitude=48.875559, longitude=2.311018.

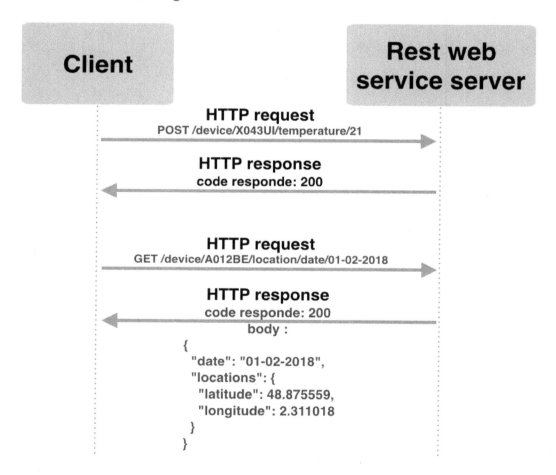

Fonctionnement d'un exemple de API REST

API REST est largement utilisé et a fait ses preuves, il est simple à mettre en place et à modifier grâce à une combinaison d'URI et de méthodes. Il reste adapter aux objets connectées qui n'ont pas de contraintes

de communication comme par exemple les smartphones.

Protocole réseau (Websocket)

Le protocole Websocket permet l'établissement d'un canal de communication full-duplex en une seule connexion TCP entre un client et un serveur. L'image ci-dessous indique les trois principales phases de la vie du canal :

la phase de connexion appelé « Handshake » initié par le client

la phase d'échange bidirectionnel de messages

la phase de clôture du canal initié par l'une des deux parties

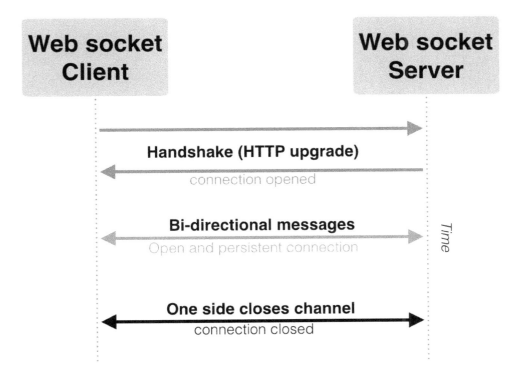

__Fonctionnement d'un protocole Websocket__

À l'origine, ce protocole a été mis en place pour palier les lacunes du protocole HTTP dans les communications bidirectionnelles entre une application web et des processus serveur. En effet, la communication est asynchrone, c'est-à-dire que le serveur ne peut envoyer une réponse que si le client a, au préalable, envoyé une requête. Websocket permet donc d'établir des échanges de messages temps réel idéals pour les remontées d'alertes, des notifications.

Ce genre de communication est coûteux en termes de ressources matérielles (CPU, mémoires, source d'énergie) et de bande passante, il n'est donc adapté qu'à des capteurs avec des ressources suffisantes. Il est principalement adapté aux situations de surveillance et d'envoi d'informations en temps réel.

Le tableau ci-dessous résume les caractéristiques des protocoles que nous avons abordés et donne également un comparatif.

Protocole	MQTT	XMPP	AMQP	CoAP	WebSocket	API REST
Type de protocole	Messagerie	Messagerie	Messagerie	Transfert web	Réseau	Transfert web (HTTP)
Modèle de communication	Publish/Subscribe	Publish/Subscribe Request/Response	Producer/Consumer	Request/Response	bidirectionnel	Request/Response
Transport	TCP/IP	TCP/IP	TCP/IP	UDP/IPv6/6LowPAN	TCP/IP	TCP/IP
Sécurité	TLS/SSL	TLS/SSL	TLS/SSL	DTLS	TLS/SSL	TLS/SSL
Format	Binaire, Text (json, xml, csv)	XML	Binaire, Text	Binaire, Text	Binaire, Text	Binaire, Text

Contraintes sur les objets connectées	Fortes	Faibles/Moyennes	Moyennes	Fortes	Faibles	Faibles
Principaux framework	Emqtt, HiveMQ, Mosquitto, Eclipse Paho	Jabber, XMPPFramework	RabbitMQ, StormMQ	Eclipse Californium, nCoAP	jetty websocket, Apache Tomcat	Django REST, Apache Tomcat, Node.js, Ruby on Rails

Définition du prototypage

Le prototypage est le processus qui consiste à créer un modèle rudimentaire d'un produit ou système qui fonctionne. En ce qui concerne le prototypage dans le cadre de l'IoT, il est utile de posséder des connaissances en conception, en électricité, en physique et en mécanique (travaux manuels pour l'assemblage des objets), en programmation ainsi que sur le mode de fonctionnement des protocoles TCP/IP. Toutefois, vous n'avez pas besoin d'être un expert dans ces domaines. En fait, le prototypage vous aide à améliorer ces compétences.

Comme l'IoT est toujours en cours de développement, il y a encore des tâches inconnues à découvrir. C'est le moment idéal pour inventer quelque chose faisant partie de l'IoT. L'IoT impliquant à la fois les individus, les processus, les données et les objets, il n'y a pas de limite aux inventions que l'IoT peut aider à créer, puis à mettre en œuvre.

Mode de réalisation d'un prototype

Comment réaliser un prototype ?

Il y a plusieurs manières de démarrer. Une équipe de Google a utilisé la « méthode de prototypage rapide » pour créer les lunettes Google (projet Google Glass).

Google dispose bien sûr de nombreuses ressources pour payer les personnes et le matériel nécessaires au prototypage. La plupart d'entre nous ont besoin d'une certaine aide financière pour concrétiser nos idées et créer un prototype. Pour nous, il y a le financement participatif (crowdfunding). Kickstarter, Indiegogo et Crowdfunder sont trois des nombreux programmes de financement participatif disponibles en ligne.

Matériel

Internet est bien sûr un bon endroit pour commencer. Depuis toujours, les individus ont échangé des idées, mais Internet place aujourd'hui l'échange d'idées à un tout autre niveau. Ainsi, des gens qui ne se sont jamais rencontrés peuvent dorénavant collaborer et travailler ensemble. Il existe divers sites Web que vous pouvez visiter afin d'entrer en contact avec d'autres créateurs.

Maker Media est une plate-forme mondiale connectant les créateurs entre eux afin d'échanger des projets et des idées. Cette plate-forme est également un lieu où les créateurs peuvent trouver et acheter différents produits utiles à leurs projets.

Il est utile de disposer d'aptitudes pratiques lorsqu'on travaille avec certains matériaux couramment utilisés dans le prototypage, comme le bois ou le métal, mais cela peut malgré tout s'avérer être trop difficile pour un débutant. Vous seriez étonné de voir ce qu'il est possible de faire avec du plastique, de l'argile, du papier et des fils. Effectuez une recherche sur Google pour trouver plus d'informations ou d'autres idées sur la façon d'utiliser les différents équipements de prototypage.

LEGO Mindstorms possède une importante communauté de contributeurs et de fans. LEGO Mindstorms vous permet de créer des robots LEGO et de les commander à l'aide d'une application. Les kits sont fournis avec tous les outils nécessaires.

Accédez à LEGO Mindstorms à l'adresse:

http://mindstorms.lego.com.

Le Meccano (Erector Set) est un système de construction de modèles composé de bandes métalliques réutilisables, de plaques, d'éléments d'angle, de roues, d'essieux et d'engrenages, avec des écrous et des boulons permettant de connecter les différentes pièces. Ce système vous permet de construire des prototypes et des dispositifs mécaniques.

Accédez à Erector Set à l'adresse www.erector.us.

L'impression 3D est le processus consistant à créer un objet solide sur la base d'un fichier informatique du modèle 3D. Une machine, appelée imprimante 3D, est connectée à l'ordinateur. Plusieurs entreprises fabriquent et commercialisent aujourd'hui des imprimantes 3D.

Accédez à Makerbot à l'adresse https://www.makerbot.com.

Outils électroniques

Les programmes informatiques ne peuvent pas s'exécuter sans un ordinateur. Tandis que vous pouvez créer des programmes pour pratiquement n'importe quel ordinateur, certaines plates-formes sont conçues pour les débutants. Vous trouverez ci-dessous quelques-unes des plates-formes les plus populaires.

Arduino est une plate-forme informatique physique open source, basée sur une simple carte à microcontrôleur, et comprenant un environnement de développement pour l'écriture de logiciels pour la carte. Vous pouvez développer des objets interactifs utilisant divers commutateurs ou capteurs afin de commander des lampes, des moteurs et d'autres objets physiques.

Accédez à Arduino à l'adresse http://arduino.cc.

Si la plate-forme Arduino n'est pas destinée à être utilisée comme un ordinateur, ses faibles besoins en énergie la rendent capable de contrôler efficacement d'autres appareils.

Le Raspberry Pi est un ordinateur peu onéreux de la taille d'une carte de crédit, qui se connecte à l'écran d'un ordinateur ou à une télévision. Il s'utilise à l'aide d'un clavier et d'une souris standard. Il est capable de faire tout ce qu'un ordinateur classique peut faire, comme naviguer sur Internet, lire des vidéos haute définition, créer des feuilles de calcul, utiliser un logiciel de traitement de texte ou jouer à des jeux.

Accédez à Raspberry Pi à l'adresse http://www.raspberrypi.org.

Le Beaglebone est très semblable au Raspberry Pi en termes de dimensions, de besoins en énergie et d'applications. Le Beaglebone possède une puissance de traitement plus élevée que le Raspberry Pi et il constitue par conséquent un meilleur choix pour les applications plus gourmandes en matière de puissance de calcul.

Accédez à Beaglebone à l'adresse http://beagleboard.org.

Ressources de programmation

La programmation est un élément critique de l'IoT. La création de code personnalisé est très utile lors du développement d'une solution IoT. Vous avez déjà découvert Blockly et Python. Il existe de nombreuses autres ressources gratuites qui peuvent vous aider à développer vos compétences en programmation.

Le programme MIT OpenCourseWare (OCW) est une publication Web de la quasi-totalité du contenu des cours du MIT. Ouvert et accessible à tous, OCW est un excellent endroit pour se familiariser gratuitement à la programmation informatique.

Les cours relatifs à la programmation OCW se trouvent à l'adresse suivante : http://ocw.mit.edu/courses/intro-programming.

Le site de la Khan Academy est un site Web à usage éducatif et non commercial créé en 2006, destiné à offrir des formations gratuites et de haute qualité, à n'importe qui, n'importe où.

Les exposés relatifs à la programmation informatique se trouvent à l'adresse suivante : https://www.khanacademy.org/computing/cs.

Le site Web Code Academy constitue une autre excellente ressource. Il se base sur l'interactivité afin d'aider les utilisateurs à apprendre comment écrire des programmes informatiques.

L'adresse de ce site web est la suivante : http://www.codeacademy.com.

Ateliers d'inventeurs et d'entrepreneuriat

Peut-être venez-vous de créer quelque chose de réellement intéressant. Comment procéder ? Il y a de nombreux endroits où vous pouvez obtenir de l'aide en vue d'exposer vos idées ou prototypes.

Recherchez ce qui est disponible dans votre communauté. Renseignez-vous auprès de votre administration locale, des écoles et de la chambre de commerce afin d'obtenir des informations sur les ateliers, les cours et les conseils d'experts.

Internet possède de nombreuses ressources pouvant vous aider à exposer vos idées. Un bon exemple est Quirky. Quirky permet aux utilisateurs de partager leurs idées. Lorsqu'une idée est soumise, les autres utilisateurs de Quirky peuvent voter et choisir de soutenir ou non cette idée. Si une idée est bonne, elle peut devenir un produit réel.

Pour en savoir plus sur Quirky, visitez l'adresse https://quirky.com/about/.

Qu'entend-on par « Big Data » ?

Les données sont des informations issues de diverses sources, telles que des personnes, des images, du texte, des capteurs et des sites web. Elles proviennent également d'appareils technologiques comme les téléphones portables, les ordinateurs, les kiosques, les tablettes et les caisses enregistreuses. Récemment, le volume de données générées par les capteurs a connu une importante augmentation. Les capteurs sont désormais installés dans de plus en plus de lieux et dans un nombre croissant d'objets, y compris les caméras de sécurité, les feux de circulation, les voitures intelligentes, les thermomètres et même les vignes.

Le terme Big Data désigne une grande quantité de données, mais qu'entend-on par « grande quantité » ? Personne ne sait exactement à partir de quel volume les données entrent dans la catégorie du « Big Data ». Voici trois caractéristiques qui indiquent qu'une entreprise peut être confrontée au Big Data :

- Elle doit faire régulièrement face à la nécessité d'accroître l'espace de stockage afin de pouvoir gérer quantité élevée de données (volume).

- Elle doit faire face à une croissance rapide et exponentielle de la quantité de données (vitesse).

- Elle doit faire face à des données générées dans différents formats (variété).

Quelle est la quantité de données collectées par les capteurs ? Voici quelques estimations possibles :

- Les capteurs d'une voiture autonome peuvent générer 4 000 gigaoctets (Go) de données par jour.

- Un moteur d'Airbus A380 génère 1 pétaoctet (Po) de données sur un vol reliant Londres à Singapour.

- Les capteurs de sécurité dans le secteur des opérations minières peuvent générer jusqu'à 2,4 téraoctets (To) de données toutes les minutes.

- Les capteurs d'une « maison connectée » peuvent produire jusqu'à 1 gigaoctet (Go) de données par semaine.

Bien que le Big Data représente un réel défi pour les entreprises en matière de stockage et d'analytique, il peut également fournir des informations précieuses pour ajuster leur mode de fonctionnement et améliorer la satisfaction client.

Quels sont les défis du Big Data ?

Selon les estimations d'IBM en matière de Big Data IBM « chaque jour nous créons 2,5 quintillions d'octets de données ». Pour mettre cet élément en contexte, chaque minute de chaque jour :

- Nous chargeons plus de 300 heures de vidéos YouTube.

- Nous envoyons plus de 3,5 millions de messages texte.

- Nous recevons en flux continu plus de 86 000 heures de vidéos Netflix.

- Nous « aimons »plus de 4 millions de publications Facebook.

- Nous demandons plus de 14 millions de prévisions de La chaîne météo.

La croissance rapide des données peut être un avantage ou un obstacle à la réalisation des objectifs des entreprises. Pour réussir, celles-ci doivent être en mesure d'accéder à leurs données et de les gérer aussi facilement que possible.

Compte tenu de la création constante d'énormes quantités de données, les technologies et les entrepôts de données traditionnels ne parviennent pas à faire face aux besoins de stockage. Même avec les installations de stockage cloud qui sont fournies par des entreprises comme Amazon, Google, Microsoft et bien d'autres, la sécurité des données stockées devient un gros problème. Les solutions Big Data doivent être sécurisées, avoir une tolérance aux pannes élevée et utiliser la réplication afin d'éviter toute perte de données. La question n'est pas seulement de stocker les gros volumes de données, mais aussi de les gérer.

Où peut-on stocker le Big Data ?

Le Big Data est généralement stocké sur plusieurs serveurs, habituellement hébergés dans des data centers. Pour la sécurité, l'accessibilité et la redondance, les données sont généralement distribuées et/ou répliquées sur de nombreux serveurs différents dans de nombreux data centers distincts.

Fog computing

Le fog computing est une architecture qui utilise les clients ou les appareils de « périphérie » des utilisateurs finaux pour réaliser une portion substantielle du prétraitement et du stockage dont une entreprise a besoin. Le fog computing a été conçu pour maintenir les données au plus près de la source pour le prétraitement.

Les données de capteur, en particulier, peuvent être préalablement traitées près de l'endroit où elles ont été collectées. Les informations recueillies avec le traitement préalable peuvent être retransmises au système de l'entreprise afin de modifier les processus, le cas échéant. Étant donné que les données de capteur sont préalablement traitées par des terminaux au sein de ce système, les communications entre les serveurs et les terminaux sont plus rapides. Cette opération nécessite moins de bande passante que l'accès continu au cloud.

Une fois que les données ont été préalablement traitées, elles sont souvent stockées à long terme, sauvegardées ou analysées plus en détail via le cloud.

Le cloud et le cloud computing

Comme indiqué précédemment, le cloud est un ensemble de data centers ou des groupes de serveurs connectés. L'accès aux logiciels, au stockage et aux services disponibles sur les serveurs est obtenu via une interface de navigateur Internet. Les services cloud sont fournis par de nombreuses grandes entreprises comme Google, Microsoft et Apple. Les services de stockage cloud sont fournis par différents fournisseurs, dont Google Drive, Apple iCloud, Microsoft OneDrive et Dropbox.

Du point de vue des particuliers, les services cloud permettent les actions suivantes :

- Stocker toutes les données, telles que les images, la musique, les vidéos et les e-mails, libérant ainsi de l'espace sur le disque dur local

- Accéder à de nombreuses applications au lieu de les télécharger sur un appareil local

- Accéder aux données et aux applications de n'importe où, à tout moment et sur n'importe quel appareil

L'un des inconvénients liés à l'utilisation du cloud est que vos données peuvent tomber entre de mauvaises mains. Vos données sont à la merci de la robustesse de la sécurité du fournisseur de cloud que vous avez choisi.

Du point de vue des entreprises, les services cloud et le cloud computing répondent à divers problèmes en matière de gestion des données :

- Il permet d'accéder aux données de l'entreprise partout, à tout moment.

- Il rationalise les opérations IT d'une entreprise en s'abonnant uniquement aux services nécessaires.

- Il élimine ou réduit le besoin d'équipements IT, de maintenance et de gestion sur site.

- Il réduit le coût des équipements, de l'énergie, des installations physiques requises et le besoin en formation du personnel.

- Il permet de répondre rapidement aux exigences liées au volume croissant des données.

Le traitement distribué

En matière de gestion des données, le traitement analytique ne posait pas de problème lorsque seuls les humains créaient des données. Le volume de données était gérable et relativement facile à répartir. Toutefois, avec l'explosion des systèmes d'automatisation et la croissance exponentielle des applications web et des données générées par les machines, l'analytique est de plus en plus difficile à gérer.

En effet, 90 % des données actuellement disponibles ont été générées au cours des deux dernières années. Une telle augmentation de volume dans un si court laps de temps est un signe révélateur d'une croissance exponentielle.

Il devient difficile de traiter et d'analyser une si grande quantité de données dans un délai raisonnable.

Au lieu de traiter de grandes bases de données avec de gros ordinateurs grand public puissants et de les stocker sur des baies de disques géantes (montée en charge verticale), le **traitement distribué des données** récupère un grand volume de données et les divise en ensembles plus petits.

Ces volumes de données plus petits sont distribués dans de nombreux emplacements où ils sont traités par de nombreux ordinateurs équipés de processeurs plus petits. Dans l'architecture distribuée, chaque ordinateur analyse sa partie de l'image du Big Data (montée en charge horizontale).

La plupart des systèmes de fichiers distribués sont conçus pour ne pas être visibles par les programmes client. Le système de fichiers distribué localise les fichiers et déplace les données, mais les utilisateurs n'ont aucun moyen de savoir de quelle manière les fichiers sont distribués sur les différents serveurs et nœuds. Les utilisateurs accèdent aux fichiers comme si ces derniers étaient stockés sur leur propre machine. Tous les utilisateurs disposent de la même vue du système de fichiers et peuvent accéder simultanément aux mêmes données.

Hadoop a été créé pour gérer ces volumes de Big Data. Au départ, le projet Hadoop se composait de deux entités : HDFS, un système de fichiers distribué insensible aux pannes, et MapReduce, une solution de traitement des données axée sur la distribution. Aujourd'hui, Hadoop est à lui seul un écosystème très complet de logiciels pour la gestion du Big Data.

Ce logiciel open source permet le traitement distribué des grands ensembles de données stockés dans des clusters d'ordinateurs et dont la taille peut atteindre plusieurs téraoctets. Hadoop est conçu pour pouvoir prendre en charge tant des serveurs individuels que des milliers de machines, offrant chacune le stockage et le calcul au niveau local. Pour gagner en efficacité, Hadoop peut être installé et exécuté sur plusieurs machines virtuelles. Celles-ci peuvent toutes fonctionner en parallèle afin de traiter et de stocker les données.

Hadoop se divise en deux principales fonctionnalités qui sont devenues une référence dans le domaine de la gestion du Big Data :

- Évolutivité : la taille plus importante des clusters améliore les performances et offre des fonctions de traitement de données plus performantes. Avec Hadoop, la taille de cluster est facilement ajustable. Vous pouvez passer d'un cluster à cinq nœuds à un cluster à mille nœuds sans augmenter excessivement les tâches d'administration.

- Tolérance aux pannes : Hadoop réplique automatiquement les données entre tous les clusters afin d'éviter toute perte. Si un disque, un nœud ou un rack entier tombe en panne, les données sont en sécurité.

Qu'est-ce que l'automatisation ?

Le terme automatisation désigne tout processus autoexécuté qui réduit, voire élimine, toute nécessité d'une intervention humaine.

Auparavant, l'automatisation était réservée au secteur de la fabrication. Les tâches très répétitives, telles que l'assemblage automobile, ont été confiées aux machines, ce qui a donné naissance aux chaînes d'assemblage modernes. Les machines présentent l'avantage de pouvoir répéter la même tâche sans jamais se fatiguer et sans commettre les erreurs auxquelles les humains peuvent difficilement échapper. La productivité est donc supérieure, car les machines peuvent fonctionner 24 heures sur 24, sans aucune pause. Elles fournissent également un produit plus uniforme.

L'Internet des objets (IoT) ouvre tout un univers nouveau, où les tâches qui nécessitaient précédemment une intervention humaine peuvent être automatisées.

Comme nous l'avons vu, l'IoT permet la collecte d'importants volumes de données qui peuvent être analysées rapidement afin de fournir des informations susceptibles d'orienter un événement ou un processus.

Avec l'adoption croissante de l'IoT, l'automatisation devient de plus en plus importante.

L'accès à d'énormes quantités de données de capteur traitées rapidement a incité les têtes pensantes à réfléchir à la façon dont ils pourraient appliquer les concepts de l'apprentissage automatique et de l'automatisation aux tâches quotidiennes. De nombreuses tâches de routine sont automatisées afin d'améliorer leur précision et leur efficacité.

L'automatisation est souvent associée au domaine de la robotique. Les robots sont utilisés dans des conditions dangereuses comme l'exploitation minière, la lutte contre les incendies et le nettoyage des accidents industriels, réduisant ainsi les risques pour les humains. Ils sont également utilisés dans des tâches telles que les chaînes d'assemblage automatisées.

De nos jours, l'automatisation est partout, des caisses en libre-service disponibles dans les magasins aux contrôles environnementaux dans les bâtiments, en passant par les voitures et les avions autonomes. À combien de systèmes automatisés avez-vous affaire en une seule journée ?

Regardez la vidéo pour découvrir plusieurs exemples d'automatisation.

Securite

Types de données

Les données ont-elles vraiment changé ? Techniquement non, les données générées par les ordinateurs et les appareils numériques sont toujours des groupes de 1 et 0. Cela n'a pas changé. Ce sont la quantité, le volume, la variété et l'immédiateté des données générées qui ont changé.

Auparavant, les entreprises avaient accès à nos informations collectées à partir de formulaires, de feuilles de calcul, d'applications, achats par carte de crédit et d'autres types de fichiers. La plupart des données était stockée et analysée par la suite. Les données sensibles étaient également collectées, stockées et analysées, mais, par le passé, les hackers visaient davantage le piratage des systèmes afin d'accéder aux données confidentielles des organismes publics ou des entreprises.

Aujourd'hui, la collecte de données a un tout autre visage. Le monde numérique a ouvert les vannes de la collecte de données. Les appareils compatibles avec les capteurs IoT recueillent toujours plus de données à caractère personnel. Tous ces appareils connectés que sont les moniteurs d'activité physique, les systèmes de surveillance domestique, les caméras de sécurité ou les terminaux de paiement par carte bancaire collectent aussi bien des données personnelles qu'environnementales. Il arrive fréquemment que des données provenant de différentes sources soient combinées sans que les utilisateurs n'en aient conscience. La combinaison des données du moniteur d'activité physique avec les données de surveillance domestique peut générer des données pouvant aider à déterminer les mouvements ou l'emplacement de l'utilisateur concerné. Ce type de changement dans la collecte et l'agrégation des données peut être utilisé à bon escient pour préserver l'environnement. Il augmente également les risques de violation de notre vie privée, d'usurpation d'identité et d'espionnage industriel.

Les informations personnelles identifiables (PII) ou informations personnelles sensibles (SPI) sont des données qui concernent une personne vivante et qui peuvent servir (seules ou avec d'autres informations) à identifier, contacter ou localiser cet individu spécifique. Les données collectées par les entreprises et les administrations peuvent également contenir des informations sensibles concernant des secrets professionnels, les brevets de nouveaux produits ou la sécurité nationale.

Étant donné que la croissance de la collecte et du stockage des données sensibles et informatives est exponentielle, il est nécessaire de renforcer la sécurité afin de protéger ces données contre leur utilisation abusive, les hackers et les catastrophes naturelles.

Informations personnellement identifiables

- Numéro de sécurité sociale
- Adresse e-mail
- Numéros de compte bancaire
- Facture des frais de scolarité des étudiants
- Note de solvabilité
- Numéro de carte bancaire
- Empreintes digitales
- Date de naissance
- Nom d'utilisateur/mot de passe
- Plaque d'immatriculation
- Informations hypothécaires
- Adresse du domicile
- Photographies Facebook

Informatif

- Pluviométrie
- Nombre de voitures traversant une intersection
- Utilisation des urgences hospitalières par région
- Capacité moyenne d'un avion
- Lecture d'un thermomètre à domicile
- Données de recensement
- Chiffres relatifs à l'immigration
- Récolte moyenne de pommes-de-terre par région
- Heure du prochain train par gare
- Consommation moyenne de kérosène par vol

Qui veut vos données ?

Les bons

Les entreprises légitimes sont autorisées, selon certaines conditions, à utiliser les données qu'elles collectent sur vous dans le but d'améliorer la qualité de leur produit ou service. Vous avez sans doute déjà signé des « Conditions générales d'utilisation » ou des « Contrats de Service » sans prendre le temps de les lire ? La prochaine fois, prenez le temps de lire ces documents. Leur contenu pourrait vous surprendre.

Les autres utilisateurs légitimes de nos données sont des entreprises qui utilisent des capteurs sur leurs propres appareils ou véhicules. Les administrations qui possèdent des capteurs environnementaux et les villes qui ont installé des capteurs sur les trains, les bus ou les feux tricolores ont également des droits sur les données générées.

Certains pirates, appelés pirates au chapeau blanc, sont payés par des entreprises et des administrations légitimes pour tester la sécurité d'un appareil ou d'un système. Leur objectif n'est pas de voler ou de modifier des données, mais d'aider à les protéger.

Les méchants

D'autres hackers, appelés pirates au chapeau noir, souhaitent accéder aux données collectées pour des raisons malveillantes :

- Vendre les informations à un tiers.

- Modifier les données ou désactiver des fonctions sur un appareil.

- Porter atteinte à l'image d'une entreprise légitime.

- Accéder aux appareils, aux pages web et aux données afin de semer le trouble sur la scène politique ou de faire passer un message.

- Accéder aux identifiants et aux mots de passe d'utilisateurs pour usurper leur identité.

- Accéder à des données pour commettre un crime.

- Pirater les systèmes pour démontrer qu'ils en sont capables.

Meilleures pratiques de sécurité

La sécurisation du réseau implique l'ensemble des protocoles, des technologies, des équipements, des outils et des techniques qui permettent de sécuriser les données et de limiter les menaces. La sécurité du réseau est essentiellement motivée par la volonté de ne pas se laisser exploiter par les hackers mal intentionnés. Tout comme les médecins tentent de prévenir les nouvelles maladies en traitant les problèmes existants, les professionnels de la sécurité réseau essaient d'empêcher les attaques potentielles tout en minimisant les effets des attaques en temps réel. Les réseaux sont régulièrement attaqués. Il est courant de lire dans les journaux qu'un autre réseau a été compromis.

Les normes, procédures et politiques de sécurité doivent être respectées dans la conception de tous les aspects de l'ensemble du réseau. Cela doit inclure les câbles, les données en transit, les données stockées, les périphériques réseau et les terminaux.

Quelques-unes des bonnes pratiques de sécurité sont répertoriées dans la figure. Sélectionnez chacune d'elles pour en savoir plus.

Meilleures pratiques de sécurité

Évaluer les risques	⊕	Tester régulièrement la réponse aux incidents	⊕
Créer une politique de sécurité	⊕	Implémenter un outil de surveillance, d'analyse et de gestion du réseau	⊕
Mesures de sécurité physique	⊕	Déployer des périphériques de sécurité du réseau	⊕
Mesures de sécurité liée aux ressources humaines	⊕	Mettre en œuvre une solution de sécurité des terminaux complète	⊕
Effectuer et tester des sauvegardes	⊕	Former les utilisateurs	⊕
Assurer les correctifs et les mises à jour de sécurité	⊕	Chiffrer les données	⊕
Utiliser le contrôle d'accès	⊕		

Évaluer les risques

Connaître la valeur de ce que vous protégez vous aidera à justifier les dépenses liées à la sécurité.

L'impact de la transformation numérique sur les entreprises

La technologie numérique a permis aux entreprises de révolutionner la façon dont elles interagissent avec la société. Les utilisateurs, toutes générations confondues, sont plus à l'aise avec la technologie numérique et tirent parti des avantages des appareils intelligents tout au long de leurs journées bien chargées.

Beaucoup d'entreprises fournissent désormais la totalité ou une partie de leurs services en ligne. Depuis le confort de votre domicile, votre voiture, votre salle de sport ou votre bureau, vous pouvez faire des courses en ligne, vous faire livrer un repas, réserver un voyage, commander des vêtements, du matériel de camping ou un taxi, rester en contact avec vos amis ou faire des rencontres amoureuses.

Les machines peuvent-elles penser ?

La vie moderne nous met chaque jour davantage en présence de machines d'un type nouveau, qui se substituent à l'homme dans des tâches réputées intelligentes. Peut-on pour autant attribuer de l'intelligence à ces machines ? Pour qui prend son billet de train à un distributeur automatique, seul importe que ce dernier lui délivre rapidement et sans erreur le titre de transport demandé. Si donc la question mérite d'être posée, c'est en tant qu'elle touche à la nature de l'esprit car, pour y répondre, encore faut-il savoir ce qu'est l'intelligence. Dans ce domaine la langue met à notre disposition un ensemble de termes riche, imprécis et disparate.

Ainsi, la fortune théorique du terme intelligence est récente ; il n'appartient pas au lexique de la philosophie classique, qui préférait parler d'entendement, de raison ou d'intellect.

Inventeur de la machine arithmétique, Pascal avait déjà noté que si celle-ci « fait des effets qui approchent plus de la pensée que ce que font les animaux (...) elle ne fait rien qui puisse faire dire qu'elle a de la volonté comme les animaux ». La remarque est encore valable aujourd'hui et nous prendrons, à titre provisoire, la liberté de parler indifféremment d'esprit, de raison, d'intelligence ou de pensée, étant entendu une fois pour toutes qu'il ne s'agit pas par là d'attribuer une quelconque affectivité aux machines.

Même restreintes ainsi aux seules opérations de la connaissance, les notions communes sont de peu de secours et quelqu'un pourrait fort bien estimer que la machine ne pouvant agir que mécaniquement la tâche correspondante accomplie par l'homme était déjà machinale, pure routine, et ne faisait donc pas véritablement appel à son intelligence…

Une machine peut-elle penser ?

Alan Turing, concepteur d'une machine universelle ayant conduit au concept d'ordinateur, s'est posé très tôt la question : *une machine peut-elle penser ?* Vieux rêve ancestral de la philosophie occidentale, revisité par les potentialités révolutionnaires d'un domaine scientifique en pleine expansion : l'intelligence artificielle.

- Définition opérationnelle de l'intelligence artificielle

  « Une machine peut-elle penser ? » (Alan Turing)

- Confrontation entre un humain et un autre humain et un ordinateur caché dans une autre pièce

  - Questions écrites posées à l'autre humain et à l'ordinateur

  - Test passé avec succès si l'humain ne sait pas distinguer les deux

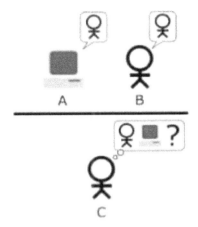

La question historique d'Alan Turing

Pour répondre, Alan Turing propose un test soumettant l'ordinateur au jeu de l'imitation : il s'agit, par des questions libres posées par un interrogateur humain, d'utiliser les réponses obtenues pour déterminer, lors d'une conversation en aveugle, s'il converse avec un autre humain ou avec un ordinateur.

Après nombre de discussions et de querelles, il est actuellement admis que ce test n'est pas apte à répondre à la question posée, celle de l'intelligence d'un système informatique. Pourquoi ? D'abord pour des raisons pratiques : le temps nécessaire pour trouver la question clé permettant formellement l'identification de la machine pourrait être extrêmement long.

La question est ambiguë : que mesure-t-on en pratique ? quels sont les termes de l'équation à résoudre : pensée, intelligence, compréhension ? Se posent aussi des questions interprétatives d'ordre sociologique et culturel de l'interrogateur, avec des risques de dérives de jugement de *comportements humains* plutôt que d'*intelligence* proprement dite. Enfin, une potentielle question d'indécidabilité resterait liée à l'autoréférence d'une intelligence interrogeant une éventuelle autre intelligence.

Actuellement, compte tenu des corrélations entre les recherches sur le cerveau et celles sur les réseaux de neurones artificiels, il est possible de reformuler la question de l'intelligence artificielle sous la forme suivante : *un système d'intelligence artificielle peut-il être conscient ?*

Mesurer la conscience, ce « sentiment de soi »

Différentes études sur le cerveau humain ont amené des progrès considérables dans la compréhension des processus complexes liés au « problème difficile de la conscience ». Considérant que la conscience est un phénomène réel physiquement analysable et se référant à la théorie de l'information, les neuroscientifiques Giulio Tononi et Christof Koch, spécialistes des sciences de la conscience, ont proposé une voie permettant d'évaluer le degré de conscience d'un système cérébral *humain*.

À partir d'études complexes des activités électromagnétiques d'un cerveau en éveil, en travail, en sommeil profond ou en état végétatif, Giulio Tononi a élaboré une théorie de gestion neuronale dite « de l'information intégrée », selon laquelle la quantité effective d'information intégrée correspondrait au niveau de conscience d'un individu : il établit un *coefficient de conscience*, noté Φ.

Ce coefficient est calculable et représenterait le taux d'intégration de l'information, c'est-à-dire une mesure de l'information échangée entre les sous-systèmes en interactions dans le réseau cérébral en phase d'activité. En d'autres termes, selon Giulio Tononi, les informations inhérentes aux processus cérébraux – ici, la conscience, le *sentiment de soi* – sont d'autant plus intégrées que l'entropie, qui mesure le désordre, est faible. Ceci revient à supposer que l'entropie soit liée à toute activité neuronale animale.

Opérer de la sorte revient à considérer le phénomène de conscience comme élément d'une réalité objective descriptible analytiquement. Or, bien que certains états de conscience soient liés à des sensations, le passage du degré de conscience donné par la valeur de Φ à la perception d'un ressenti subjectif, comme un sentiment, reste pour le moins énigmatique. Quelle est la relation entre le ressenti et Φ ? Associer information intégrée et états sensoriels appellerait plus ample justification.

L'épineux problème de la conscience des machines

Et Giulio Tononi et Christof Koch n'hésitent pas à aller au-delà puisqu'ils proposent d'étendre le calcul du facteur Φ aux animaux et à tout système physique non biologique générant ou recevant de l'information, ce qui est nécessaire pour calculer Φ. Selon ces auteurs, ce coefficient représenterait une mesure de son *état de conscience*. Hypothèse non triviale puisqu'elle reviendrait à supposer l'universalité de l'existence d'une dimension psychique liée à l'information. Hypothèse sortant stricto sensu du cadre de la science et qui rejoindrait un philosophisme de type panpsychisme auquel ont adhéré Spinoza, Leibniz et Teilhard de Chardin.

Dernière question embarrassante : que signifierait le calcul de Φ pour Internet ? Nul ne le sait ! Mais intéressant sujet de science-fiction !

Le défi de la machine qui pense

Le problème posé est le suivant : est-il possible de concevoir une structure matérielle dotée de caractéristiques psychiques à partir des moyens actuels, ou présumés, de l'intelligence artificielle ? Redoutable défi que de prétendre réaliser des fonctions cognitives à partir de la matérialité des neurosciences computationnelles. Les machines, aussi complexes soient elles – par exemple AlphaGo, qui a battu le champion du monde de go en 2017 – restent fondées sur des algorithmes. Le défi majeur est donc le suivant : le potentiel de l'informatique permet-il d'envisager une telle mutation ?

Les machines actuelles ont un fonctionnement déterministe et c'est précisément ce qui en fait tout l'intérêt dans leurs applications aux sciences exactes. La rationalité n'étant pas la qualité première du psychisme, il se pose une question d'adaptation de la méthodologie. Techniquement il est possible de concevoir des programmes qui ne sont pas déterministes, comme les réseaux de neurones artificiels capables d'apprendre et d'auto-évoluer. C'est ce qui fonde l'intelligence artificielle dite *forte*, qui exige des puissances de calcul et une consommation énergétique énormes.

Mais la situation pourrait changer avec, d'une part, l'apparition de l'ordinateur quantique qui, basé sur le probabilisme des états quantiques des qubits, aurait un fonctionnement non déterministe. Et, d'autre part, avec la puce neuromorphique énergétiquement des plus sobres.

L'ordinateur neuromorphique

Une voie nouvelle est ouverte avec l'ordinateur neuromorphique. L'idée de base, déjà ancienne, consiste à remplacer l'architecture calculatoire de von Neumann, fondant jusqu'ici tous les ordinateurs, par une architecture neuromorphique utilisant des puces neuromorphiques, c'est-à-dire des microcircuits qui fonctionnent comme des microréseaux neuronaux inspirés des réseaux neuronaux cérébraux.

Les machines neuromorphiques, dotées d'une certaine autonomie, sont capables de déduction et exécution de tâches fonctionnelles mais surtout d'apprentissage à partir d'exemples et de catégorisation des données acquises. Quelques réalisations existent déjà dont des utilisations dans le traitement et l'exploitation des données. Des microprocesseurs neuromorphiques, capables d'intégrer des milliards d'équivalents neurones associés à des centaines de milliards de synapses artificielles, sont à l'étude (les synapses d'un cerveau humain sont dix mille fois plus nombreuses).

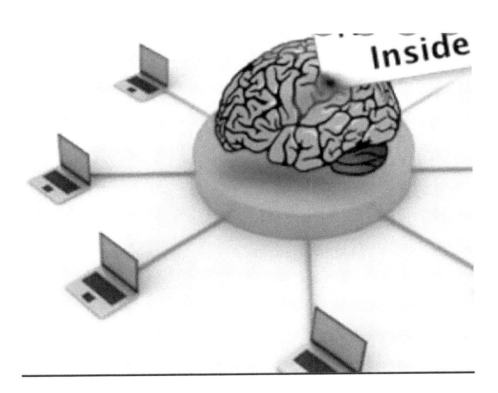

Un des objectifs actuels serait de fabriquer des machines capables d'apprendre en temps réel (c'est le fameux *machine learning*), autonomes et adaptables à leur environnement. Les champs d'applications sont immenses. Bien que l'ingénierie neuromorphique n'en soit qu'à ses débuts, il s'agit d'un véritable bond technologique auquel s'attaquent les « Grands » de l'informatique comme IBM et Intel, et quelques réalisations spectaculaires existent déjà.

Pourtant, quels que soient les progrès réalisés dans les technologies calculatoires, il reste la difficile question de l'interprétation d'une simulation : le modèle n'est pas l'objet, la simulation n'est pas la réalité. Cette opération se réfère à une modélisation qui est, mais n'est qu'une schématisation plus ou moins exacte de la réalité. Par exemple, un orage simulé ne soumet l'ordinateur ni à la foudre ni à la pluie.

La confusion fantasmagorique entre ordinateurs et « **cerveaux électroniques** »

Peu après son apparition, certains chercheurs s'aperçurent vite que l'ordinateur est beaucoup plus qu'une machine arithmétique. Puisqu'il est capable de manipuler des symboles abstraits et de faire des inférences logiques, il fut rapidement envisagé de l'utiliser pour des simulations de certaines fonctions cérébrales. Par exemple, le Logic Theorist vit le jour aux États-Unis en 1955 et le General Problem Solver en 1959, donnant l'illusion que la machine pouvait effectuer des tâches exigeant de l'intelligence, par exemple démontrer certains théorèmes.

C'est l'un des pionniers, l'informaticien américain John McCarthy, qui introduisit à son propos, en 1956, l'expression *intelligence artificielle*. Cette expression prête en fait à confusion et ne fit pas l'unanimité chez les spécialistes car elle confond l'ordinateur avec un « cerveau électronique ». Mais l'optimisme américain et l'opportunisme prévalurent rapidement et vint l'ère des grands discours et des illusions. Ce fut une longue histoire tourmentée qui, après différentes désillusions et de spectaculaires revirements, aboutit finalement à l'état actuel.

Le point essentiel de cette histoire est que, dès le départ, elle a été embarquée dans une confusion des termes. Il ne s'agissait pas, à proprement parler, d'*intelligence artificielle* mais comme deux de ses principaux artisans, Newel et Simon, le suggérèrent dès le départ, de *traitement complexe de l'information*.

C'est pourquoi la véritable question qui reste posée, à laquelle il faudrait y répondre en évitant de confondre modèle et objet, est la suivante : *est-il possible de concevoir une pensée artificielle ?* C'est l'avenir qui décidera.